UP AND AWAY

IN PHONICS

LEVEL 1

T0346872

TERENCE G. CROWTHER

OXFORD UNIVERSITY PRESS

Oxford University Press

198 Madison Avenue
New York, NY 10016 USA

Great Clarendon Street
Oxford OX2 6DP England

Oxford New York

Auckland Cape Town Dar es Salaam Hong Kong Karachi
Kuala Lumpur Madrid Melbourne Mexico City Nairobi
New Delhi Shanghai Taipei Toronto
With offices in
Argentina Austria Brazil Chile Czech Republic France Greece
Guatemala Hungary Italy Japan South Korea Poland Portugal
Singapore Switzerland Thailand Turkey Ukraine Vietnam

OXFORD is a trademark of Oxford University Press.

ISBN : 978-0-19-434954-3

Editorial Manager: Shelagh Speers
Senior Editor: Sherri Arbogast
Editor: Rebecca Rauff
Production Editor: Joseph McGasko
Elementary Design Manager: Doris Chen
Design Coordinator: Suzan Daley/Catherine Leonardo
Design Studio: TWiNC/Color Associates Inc.
Production Manager: Abram Hall

Printing (last digit): 36

Printed in China

This book is printed on paper from certified and well-managed sources.

*This series is dedicated to Lucille Crowther, my late grandmother; to Frances Bernhardt, my surrogate
grandmother; and to Joshua, my son. Thanks for your faith, love, friendship, and encouragement.*

—T.G.C.

CONTENTS

CONTENTS

The Alphabet

Listen and say the letters of the English alphabet.

Aa Bb Cc Dd Ee Ff Gg Hh Ii Jj Kk Ll Mm
Nn Oo Pp Qq Rr Ss Tt Uu Vv Ww Xx Yy Zz

Write the lowercase letters.

a b c d e f g h i j k l m

a

n o p q r s t u v w x y z

Write the uppercase letters.

A B C D E F G H I J K L M

A

N O P Q R S T U V W X Y Z

The Letter *b*

 Book begins with the letter **b**. **B** sounds like /b/.
Listen and write **b** in each blank.

1

<u>b</u> oy

2

___anana

3

___all

4
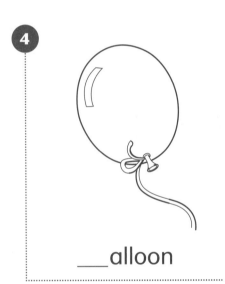
___alloon

5

___us

6

___icycle

Find and circle four **b** words.

The Letter c

Cat begins with the letter **c**. **C** sounds like /k/.
Listen and write **c** in each blank.

1 __ap

2 __up

3 __ar

4 __ookie

5 __ake

6 __ow

Find and circle three **c** words.

The Letters *d* and *f*

 Dog begins with the letter **d**. **D** sounds like /d/.
Listen and write **d** in each blank.

1

__uck

2

__oll

3

__oor

 Fish begins with the letter **f**. **F** sounds like /f/.
Listen and write **f** in each blank.

 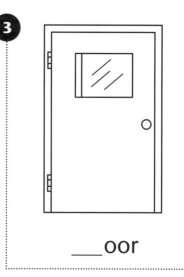

4

__armer

5

__ire

6

__eather

Connect the **d** words to help the dog go home.

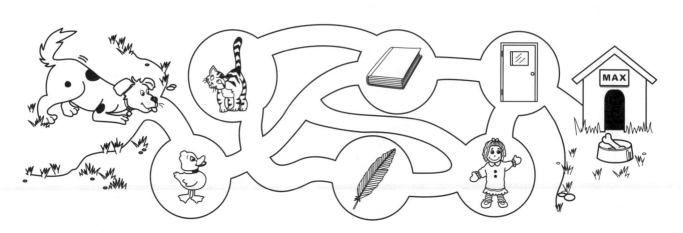

The Letters *g* and *h*

Guitar begins with the letter **g**. **G** sounds like /g/.
Listen and write **g** in each blank.

1

___irl

2
GUM
___um

3
___olf

Hat begins with the letter **h**. **H** sounds like /h/.
Listen and write **h** in each blank.

4

___ead

5

___ouse

6
___ammer

Circle the first letter of each word.

7

g h

8
g h

9

g h

The Letters *j* and *k*

 Juice begins with the letter **j**. **J** sounds like /j/.
Listen and write **j** in each blank.

1

___acket

2
___eep

3
___et

 Key begins with the letter **k**. **K** sounds like /k/.
Listen and write **k** in each blank.

4
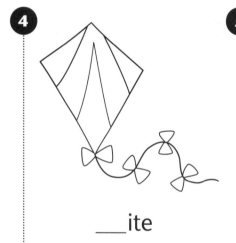
___ite

5

___ing

6

___angaroo

Circle the first letter of each word.

7

j k

8

j k

9

j k

The Letters *l* and *m*

Lion begins with the letter **l**. **L** sounds like /l/.
Listen and write **l** in each blank.

1

___ight

2

___eaf

3

___emon

Mouse begins with the letter **m**. **M** sounds like /m/.
Listen and write **m** in each blank.

4

___onkey

5

___oon

6

___otorcycle

Connect the **m** words to help the man get to the moon.

The Letters *n* and *p*

 Nurse begins with the letter **n**. **N** sounds like /n/.
Listen and write **n** in each blank.

1

___eck

2

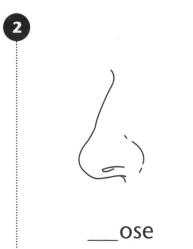

___ose

3

___ewspaper

 Pen begins with the letter **p**. **P** sounds like /p/.
Listen and write **p** in each blank.

4

___ig

5

___encil

6

___olice officer

Connect the **p** words to help the farmer find the pig.

The Letters *q* and *r*

Queen begins with the letter **q**. **Q** sounds like /kw/.
Listen and write **q** in each blank.

1

___uilt

2

___uestion

3

___uarter

Ruler begins with the letter **r**. **R** sounds like /r/.
Listen and write **r** in each blank.

4

___abbit

5
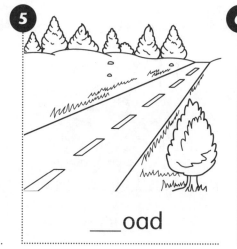
___oad

6

___adio

Circle the first letter of each word.

7

q   r

8

q   r

9

q   r

The Letters *s* and *t*

 Sun begins with the letter **s**. **S** sounds like /s/.
Listen and write **s** in each blank.

1

___ofa

2

___ix

3

___even

 Table begins with the letter **t**. **T** sounds like /t/.
Listen and write **t** in each blank.

4

___eacher

5

___iger

6
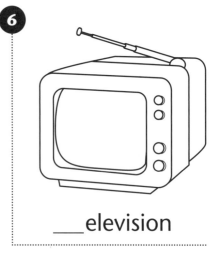
___elevision

Circle the first letter of each word.

7
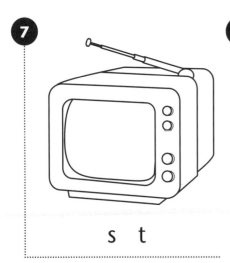
s   t

8

s   t

9

s   t

The Letters *v* and *w*

 Violin begins with the letter **v**. **V** sounds like /v/. Listen and write **v** in each blank.

1

__ase

2

__an

3

__olcano

 Watch begins with the letter **w**. **W** sounds like /w/. Listen and write **w** in each blank.

4

__itch

5
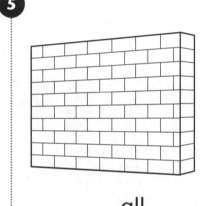
__all

6
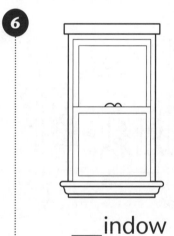
__indow

Color the **v** words red. Circle the **w** words.

The Letters y and z

 Yo-yo begins with the letter **y**. **Y** sounds like /y/. Listen and write **y** in each blank.

1

YELLOW

___ellow

2

___arn

3

YOGURT

___ogurt

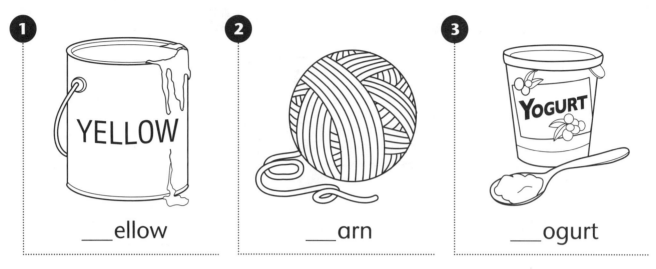 **Zipper** begins with the letter **z**. **Z** sounds like /z/. Listen and write **z** in each blank.

4

ZOO

___oo

5

___ookeeper

6

___ebra

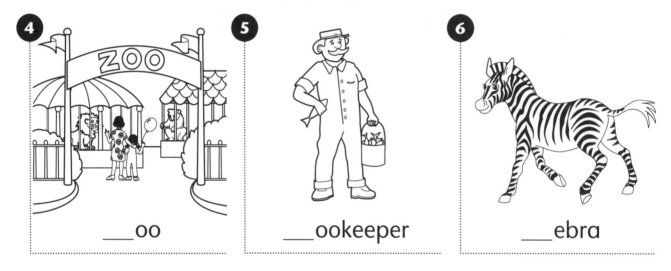

Color the **y** words yellow. Circle the **z** words.

YELLOW

YOGURT

First Sounds /p/ and /b/

The letter **p** sounds like /p/. The letter **b** sounds like /b/.
Listen and circle the sound you hear at the beginning of each word.

1

/p/ (/b/)

2

/p/   /b/

3
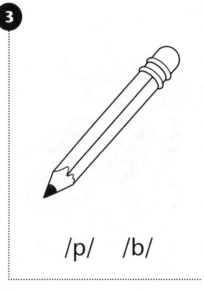
/p/   /b/

4
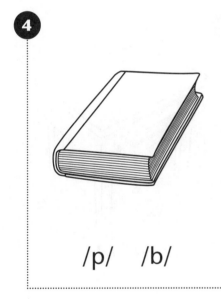
/p/   /b/

5

/p/   /b/

6

/p/   /b/

7

/p/   /b/

8
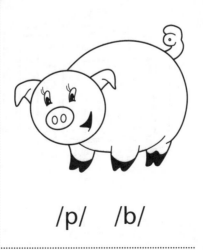
/p/   /b/

9

/p/   /b/

First Sounds /t/ and /d/

The letter **t** sounds like /t/. The letter **d** sounds like /d/.
Listen and circle the sound you hear at the beginning of each word.

1 /t/ /d/

2 /t/ /d/

3 /t/ /d/

4 /t/ /d/

5 /t/ /d/

6 /t/ /d/

7 /t/ /d/

8 /t/ /d/

9 /t/ /d/

First Sounds /k/ and /g/

The letters **c** and **k** sound like /k/. The letter **g** sounds like /g/.
Listen and circle the sound you hear at the beginning of each word.

1

/k/   /g/

2

/k/   /g/

3

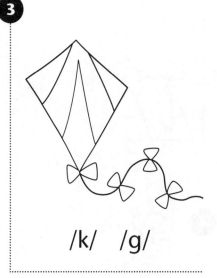

/k/   /g/

4

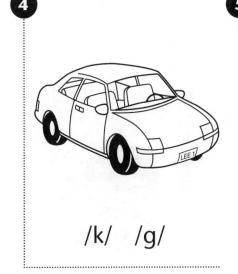

/k/   /g/

5

/k/   /g/

6

/k/   /g/

7

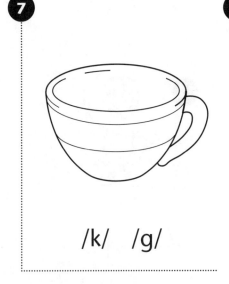

/k/   /g/

8

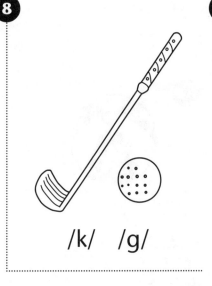

/k/   /g/

9

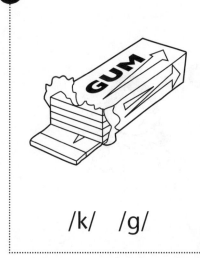

/k/   /g/

Review: First Sounds

Write the beginning sounds. Use /p/, /b/, /t/, /d/, /k/, or /g/.

1

/k/

2

3

4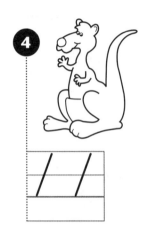

5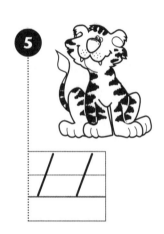

6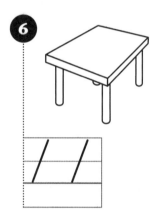

7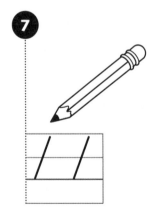

8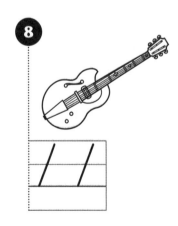

9

10

11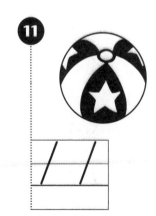

12

First Sounds /f/ and /v/

The letter **f** sounds like /f/. The letter **v** sounds like /v/.
Listen and circle the sound you hear at the beginning of each word.

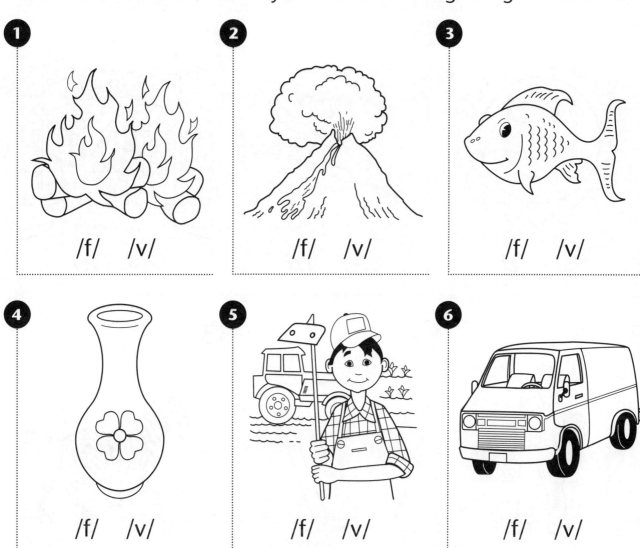

1 /f/ /v/

2 /f/ /v/

3 /f/ /v/

4 /f/ /v/

5 /f/ /v/

6 /f/ /v/

Listen and fill in the blanks with **f** or **v**.

7 What is it?
It is a __ase.

8 What are they?
They are __eathers.

First Sounds /s/ and /z/

The letter **s** sounds like /s/. The letter **z** sounds like /z/.
Listen and circle the sound you hear at the beginning of each word.

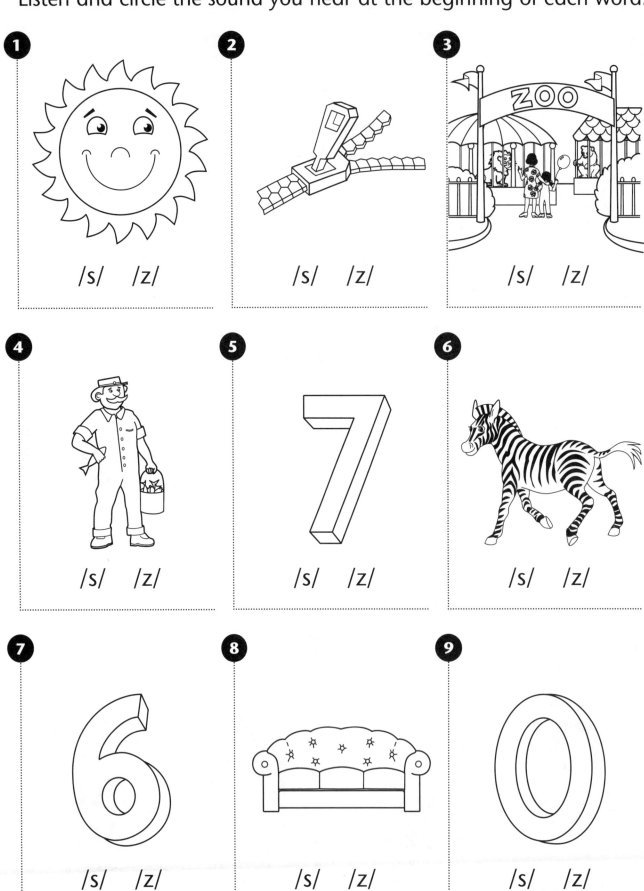

1 /s/   /z/

2 /s/   /z/

3 /s/   /z/

4 /s/   /z/

5 /s/   /z/

6 /s/   /z/

7 /s/   /z/

8 /s/   /z/

9 /s/   /z/

First Sounds /h/ and /j/

The letter **h** sounds like /h/. The letter **j** sounds like /j/.
Listen and circle the sound you hear at the beginning of each word.

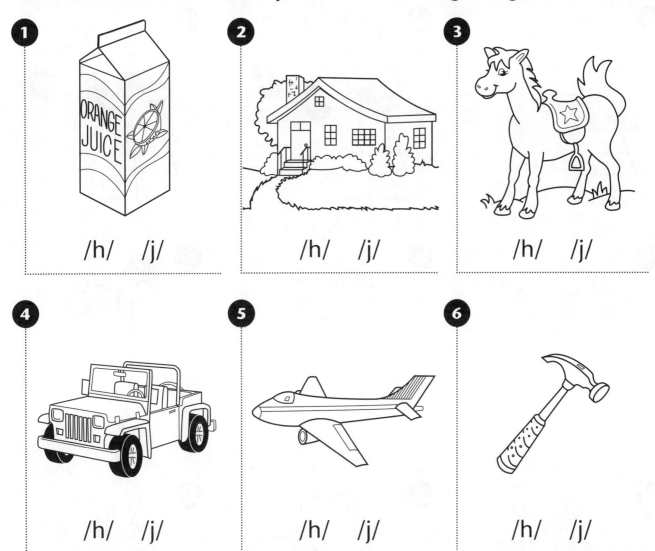

1 /h/ /j/

2 /h/ /j/

3 /h/ /j/

4 /h/ /j/

5 /h/ /j/

6 /h/ /j/

Listen and fill in the blanks with **h** or **j**.

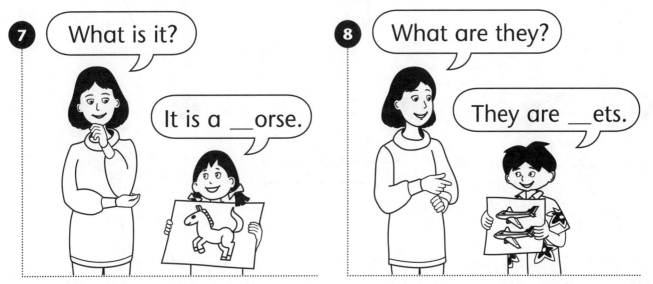

7 What is it?
It is a __orse.

8 What are they?
They are __ets.

Review: First Sounds

Write the beginning sounds. Use /f/, /v/, /s/, /z/, /h/, or /j/.

1

2
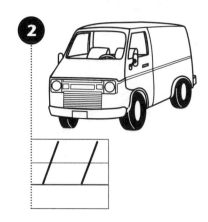

3
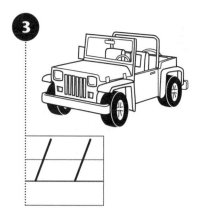

4
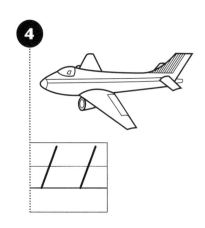

5
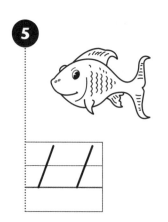

6

7
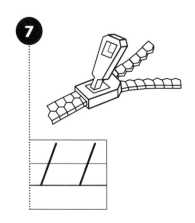

8
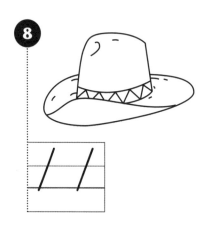

9

10
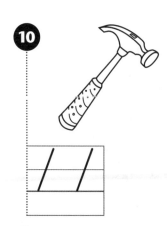

11
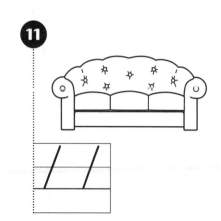

12
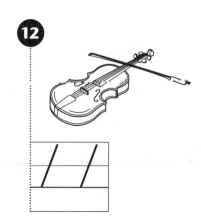

First Sounds /m/ and /n/

The letter **m** sounds like /m/. The letter **n** sounds like /n/.
Listen and circle the sound you hear at the beginning of each word.

1

/m/   /n/

2

/m/   /n/

3

/m/   /n/

4

/m/   /n/

5

/m/   /n/

6

/m/   /n/

7

/m/   /n/

8

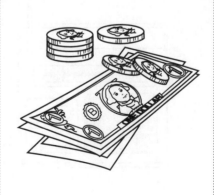

/m/   /n/

9

/m/   /n/

First Sounds /r/ and /l/

The letter **r** sounds like /r/. The letter **l** sounds like /l/.
Listen and circle the sound you hear at the beginning of each word.

1 /r/ /l/

2 /r/ /l/

3 /r/ /l/

4 /r/ /l/

5 /r/ /l/

6 /r/ /l/

7 /r/ /l/

8 /r/ /l/

9 /r/ /l/

First Sounds /r/ and /w/

The letter **r** sounds like /r/. The letter **w** sounds like /w/. Listen and circle the sound you hear at the beginning of each word.

1

/r/   /w/

2

/r/   /w/

3

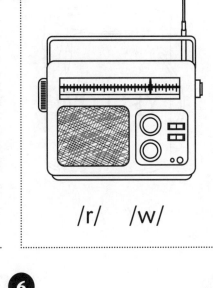

/r/   /w/

4

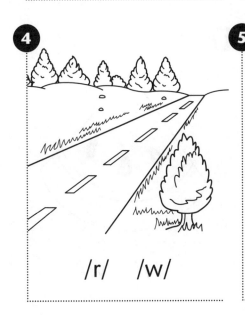

/r/   /w/

5

/r/   /w/

6

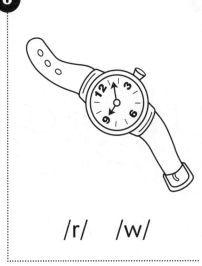

/r/   /w/

7

/r/   /w/

8

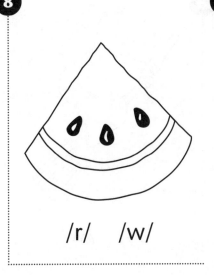

/r/   /w/

9

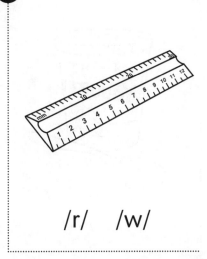

/r/   /w/

First Sounds /y/ and /w/

The letter **y** sounds like /y/. The letter **w** sounds like /w/.
Listen and circle the sound you hear at the beginning of each word.

1 /y/   /w/

2 /y/   /w/

3 /y/   /w/

4 /y/   /w/

5 /y/   /w/

6 /y/   /w/

7 /y/   /w/

8 /y/   /w/

9 /y/   /w/

Review: First Sounds

Write the beginning sounds. Use /m/, /n/, /r/, /l/, /w/, or /y/.

1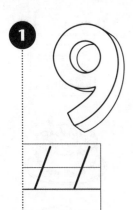

2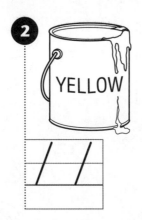

YELLOW

3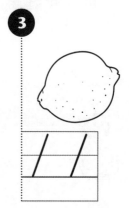

4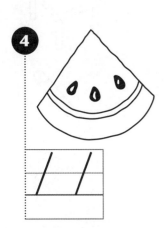

5

6

7

THE SKYVIEW STAR

8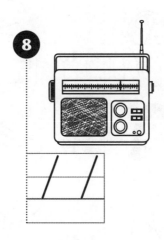

9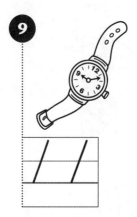

10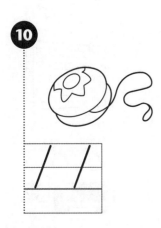

11

12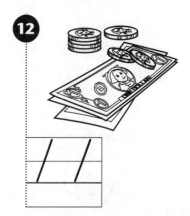

Review: First Sounds

Connect the pictures that begin with the same sound.

1.

2.

3.

4.

5.

6.

7.

8.

9.

10.

11.

12.

13.

14.

15.

16.

17.

18.

19.

20.

Final Sounds /p/ and /b/

 Cup ends with the letter **p**. **P** sounds like /p/.
Listen and write the letter **p** in each blank.

1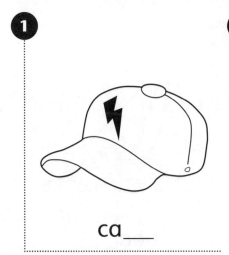
ca___

2
jee___

3
soa___

 Web ends with the letter **b**. **B** sounds like /b/.
Listen and write the letter **b** in each blank.

4
ca___

5
tu___

6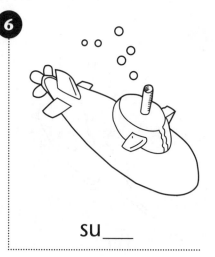
su___

Color the words that end with the /p/ sound pink.
Circle the words that end with the /b/ sound.

Final Sounds /t/ and /d/

 Cat ends with the letter **t**. **T** sounds like /t/.
Listen and write the letter **t** in each blank.

1 ba___

2 ha___

3 boa___

 Bed ends with the letter **d**. **D** sounds like /d/.
Listen and write the letter **d** in each blank.

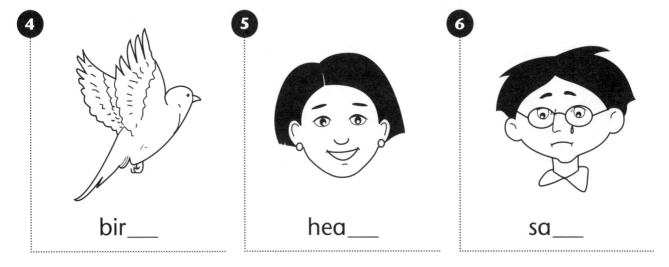

4 bir___

5 hea___

6 sa___

Color the words that end with the /t/ sound black.
Circle the words that end with the /d/ sound.

Review: Final Sounds

Write the final sounds. Use /p/, /b/, /t/, or /d/.

1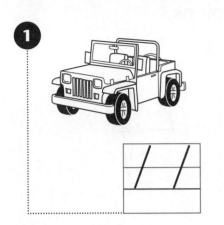

2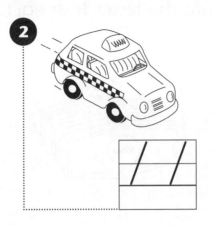

3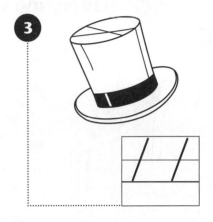

4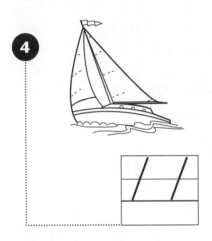

5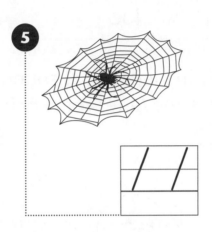

6

7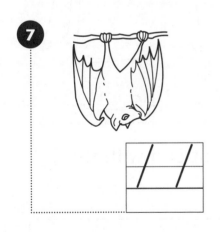

8

9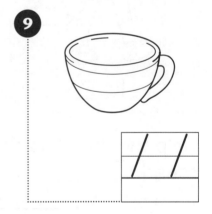

10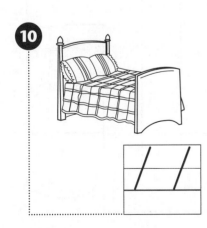

11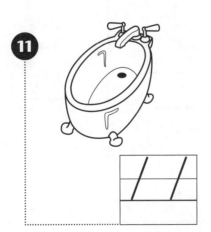

12

Final Sounds /k/ and /g/

 Duck ends with the letter **k**. **K** sounds like /k/.
Listen and write the letter **k** in each blank.

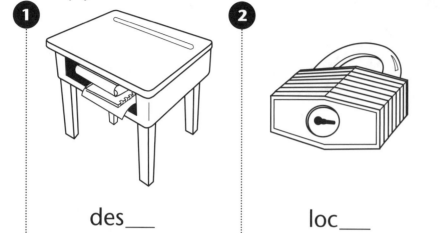

1 des___

2 loc___

3 tac___

Egg ends with the letter **g**. **G** sounds like /g/.
Listen and write the letter **g** in each blank.

4 le___

5 pi___

6 ba___

Help the duck find the egg. Follow the words that end with the /g/ sound.

Final Sounds /f/ and /v/

 Leaf ends with the letter **f**. **F** sounds like /f/.
Listen and write the letter **f** in each blank.

1

gol___

2

wol___

3

roo___

 Hive ends with the letters **ve**. We hear the sound /v/.
Listen and write the letter **v** in each blank.

4

fi___e

5

ca___e

6

wa___e

Listen and circle the sound you hear at the end of each word.

7

/f/   /v/

8

/f/   /v/

9

/f/   /v/

Review: Final Sounds

Write the final sounds. Use /k/, /g/, /f/, or /v/.

1

2

3
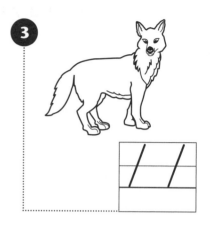

4
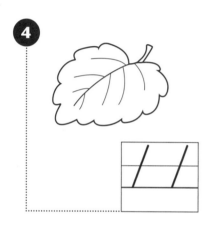

5
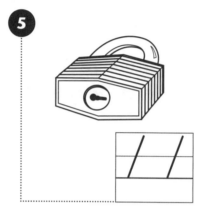

6
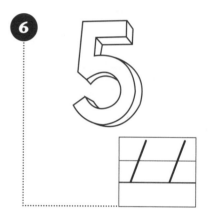

7
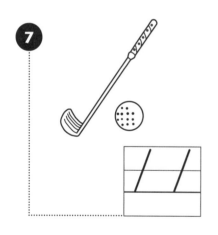

8
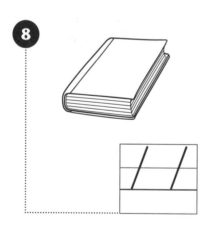

9

10
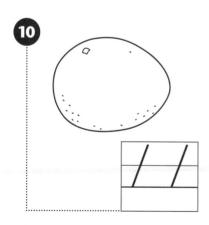

11
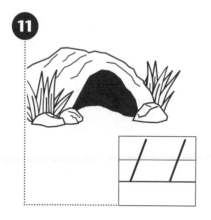

12
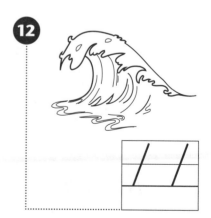

Final Sounds /s/ and /z/

 Mouse ends with the letters **se**. We hear the sound /s/. Listen and write the letter **s** in each blank.

1

hou___e

2

pur___e

3

hor___e

 Nose ends with the letters **se**, too. Here, **se** sounds like /z/. Listen to these words.

4

rose

5

hose

6

cheese

Circle the words that end with the /s/ sound.

Final Sounds /s/ and /ks/

 Bus ends with the letter **s**. **S** sounds like /s/.
Listen and write the letter **s** in each blank.

1

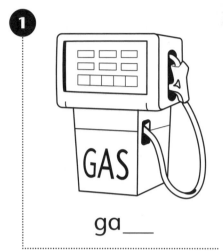

ga___

2

mes___

3

gras___

 Fox ends with the letter **x**. **X** sounds like /ks/.
Listen and write the letter **x** in each blank.

4

si___

5

bo___

6

a___

Listen and circle the sound you hear at the end of each word.

7

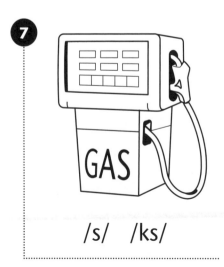

/s/   /ks/

8

/s/   /ks/

9

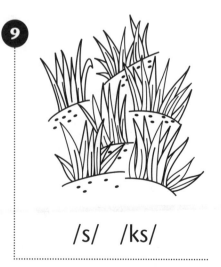

/s/   /ks/

Review: Final Sounds

Listen and circle the sound you hear at the end of each word.

1

/s/ /z/ /ks/

2

/s/ /z/ /ks/

3

/s/ /z/ /ks/

4

/s/ /z/ /ks/

5

/s/ /z/ /ks/

6

/s/ /z/ /ks/

7

/s/ /z/ /ks/

8

/s/ /z/ /ks/

9

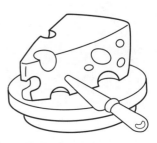

/s/ /z/ /ks/

10

/s/ /z/ /ks/

11

/s/ /z/ /ks/

12

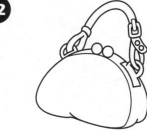

/s/ /z/ /ks/

Final Sounds /m/ and /n/

 Gum ends with the letter **m**. **M** sounds like /m/.
Listen and write the letter **m** in each blank.

1

Mo___

2

dru___

3
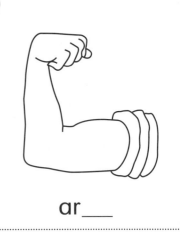
ar___

Pen ends with the letter **n**. **N** sounds like /n/.
Listen and write the letter **n** in each blank.

4
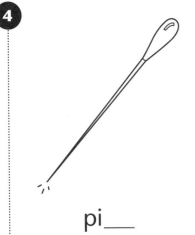
pi___

5

ma___

6
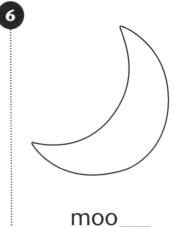
moo___

Listen and circle the sound you hear at the end of each word.

7
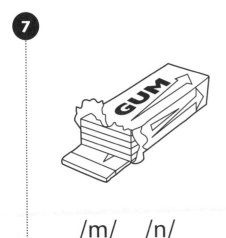
/m/   /n/

8

/m/   /n/

9
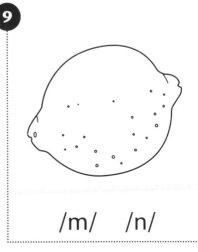
/m/   /n/

Final Sounds /r/ and /l/

 Car ends with the letter **r**. **R** sounds like /r/.
Listen and write the letter **r** in each blank.

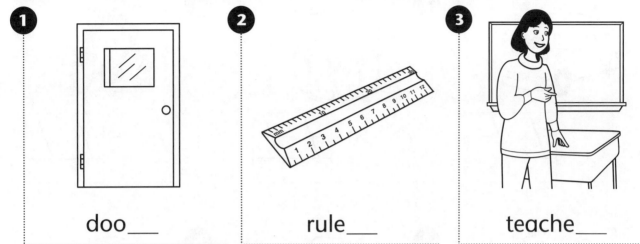

1 doo___

2 rule___

3 teache___

Pencil ends with the letter **l**. **L** sounds like /l/.
Listen and write the letter **l** in each blank.

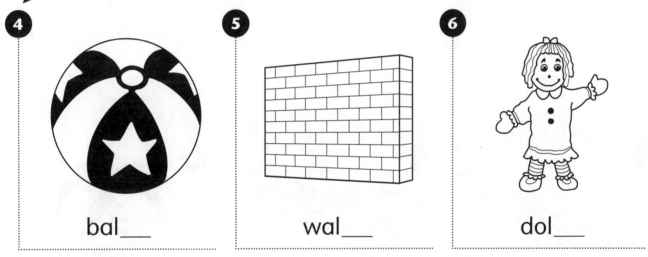

4 bal___

5 wal___

6 dol___

Listen and circle the sound you hear at the end of each word.

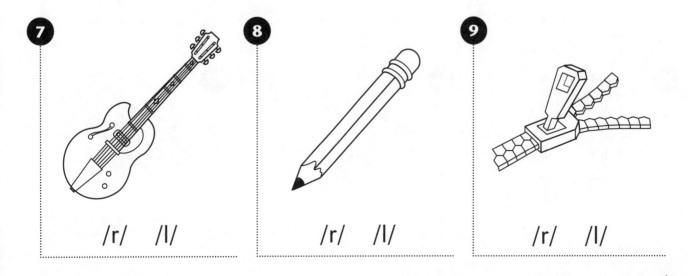

7 /r/   /l/

8 /r/   /l/

9 /r/   /l/

Review: Final Sounds

Write the final sounds. Use /m/, /n/, /r/, or /l/.

1
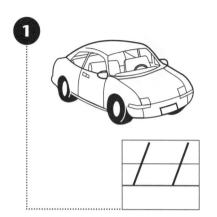

2

3

4
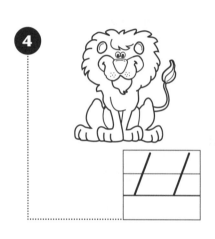

5

6

7
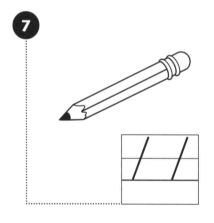

8

9

10
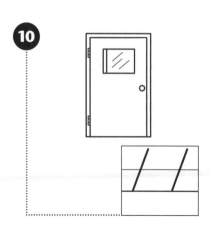

11

12

Review: Final Sounds

Connect the pictures that end with the same sound.

1.

8.

2.

9.

3.

10.

4.

11.

5.

12.

6.

13.

7.

14.

Review: First and Final Sounds

Listen and write the first and final sounds for each word.

1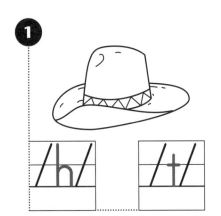
/h/ /t/

2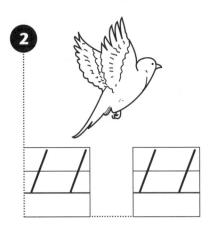

3

4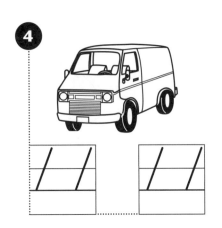

5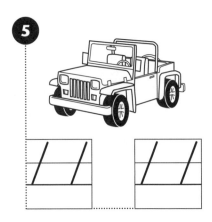

6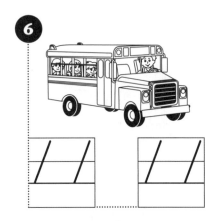

7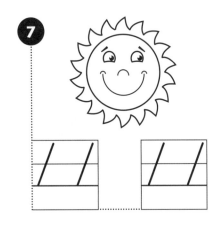

8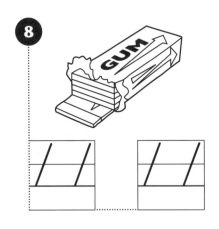

9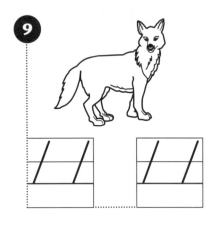

10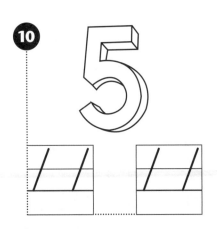

11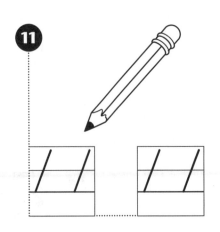

12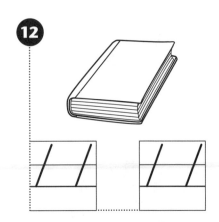

Review: First and Final Sounds

Listen and write the first and final sounds for each word.

Hard c and Soft c

 Cat begins with the letter **c**. **C** sounds like /k/.
We call this the **hard c** sound. Listen to these words.

1

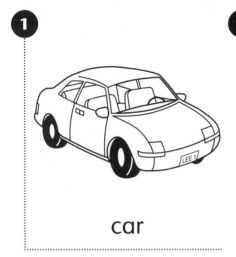

car

2

cup

3

cow

 City begins with the letter **c**, too. Here, **c** sounds like /s/.
We call this the **soft c** sound. Listen to these words.

4

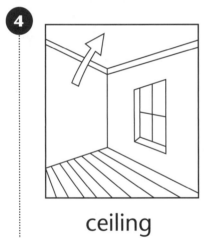

ceiling

5

circle

6

cereal

Listen to each word. Circle /k/ if you hear the **hard c** sound.
Circle /s/ if you hear the **soft c** sound.

7

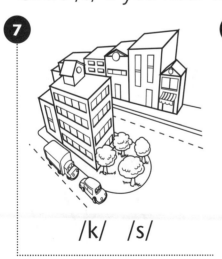

/k/   /s/

8

/k/   /s/

9

/k/   /s/

Hard *g* and Soft *g*

 Guitar begins with the letter **g**. **G** sounds like /g/. We call this the **hard g** sound. Listen to these words.

1

gum

2

golf

3

girl

 Gem begins with the letter **g**, too. Here, **g** sounds like /j/. We call this the **soft g** sound. Listen to these words.

4

gym

5

giraffe

6

giant

Listen to each word. Circle /g/ if you hear the **hard g** sound. Circle /j/ if you hear the **soft g** sound.

7

/g/   /j/

8

/g/   /j/

9

/g/   /j/

INDEX